ケースで学ぶ
ビジネスの基礎

社会人になるための心構えとビジネスマナー

早稲田教育出版

はじめに

　このテキストは、みなさんが社会に出て働くときに、身に付けておいてほしい基本的な知識や技能、マナーをケーススタディの形でまとめたものです。ケース（事例）の内容はみなさんよりほんの数年前に社会に出た先輩たちの意見や感想が基になっていますから、具体的であり参考になるでしょう。

　「社会に出て働く」といったとき、みなさんはどんなことを考えるでしょうか。世の中にはたくさんの会社や仕事があり、働き方もさまざまです。迷うこともしばしばでしょう。そこで、このテキストでは、なぜ働くのか、自分に合った仕事をどう探したらよいのか、社会にはどのような職種があるのか、よりよく働くためにはなにが必要かなどを学びます。これらは、働くにあたってまず求められる基礎的な条件だからです。また、社会人として身に付けておきたいビジネスマナーの基礎についても学びます。これらを通じて働くとはどういうことか、ビジネスとは何かをしっかりと考え、理解してください。また最後に、あなたが身に付けた実力を客観的に測ることができる、代表的なビジネス系検定試験も紹介しています。

　このテキストがあなたの未来を開くきっかけになれば幸いです。

公益財団法人実務技能検定協会

■■■ 目次 ■■■

第1章　自分に合った仕事を探す

1	興味・関心が仕事探しのベースになる	6
2	得意なことを生かして働く	8
3	自分の一生を考えて職業を見つける	10
	■応用ワーク	12

第2章　さまざまな職業・職種を理解する

4	多くの人がさまざまな職業に就いている	14
5	サービス・販売の仕事が盛んになっている	16
	■応用ワーク	18

第3章　働くとはどういうことか ～職業意識を身に付ける～

6	どんな仕事にも意味があり、おもしろさを見つけられる	20
7	働くことには責任がともなう	22
8	国境、性別を越えて働く時代になっている	24
	■応用ワーク	26

第4章　会社と仕事の決まりやしくみを知る

9	ビジネスは国を越えて動いている	28
10	ビジネスには多くの人が関係し、支え合い、協力している	30
11	ビジネス社会は階層社会	32
	■応用ワーク	34

第5章　人間関係とコミュニケーション

12	話は最後まで聞かないと分からない	36
13	復唱して内容を確認する	38
14	自分の考えをきちんと表現する	40
	■応用ワーク	42

第6章　ビジネスマナーの基本

15	ビジネスの一日は"あいさつ"に始まり、 "あいさつ"に終わる	44
16	社会人の会話の基本は丁寧語	46
17	尊敬語と謙譲語を使ってみよう	48
	■応用ワーク1	50
18	時間を守ることが重要な理由	52
19	はっきりした返事はコミュニケーションの第一歩	54
20	きちんとした身だしなみはよい仕事をするための必要条件	56
	■応用ワーク2	58
21	お客様はだれでも同じ、平等に対応する	60
22	礼儀正しく気配りのある応対が信頼を生む	62
23	公私の区別をきちんとつける	64
	■応用ワーク3	66
24	ビジネスには上下の区別＝序列がある	68
25	電話応対にもマナーがある	70
26	報告、連絡、相談は早めにきちんと行う	72
	■応用ワーク4	74

第7章　一足先に社会を知るために

1	新社会人の平均的な働く一日	76
2	リテールマーケティング（販売士）検定に挑戦する	78
3	秘書検定に挑戦する	80
4	サービス接遇検定に挑戦する	82

巻末付録●自分史をつくろう

＜本書の使い方＞

このテキストは以下の項目で構成されています。それぞれの項目の意味をしっかりと理解し学習してください。

◆この節で学ぶこと

その節のテーマはタイトルで示されています。そのテーマをさらに具体的にして、学ぶべき内容を表すのが「この節で学ぶこと」です。学習の目標なのです。

◆ケース

みなさんの先輩で最近働き始めた人が、それぞれの職場で経験しているさまざまな内容がまとめてあります。イラストを参考に、先輩たちがどんなことで喜んだり、困ったり、考えているかを知ってください。

◆基礎ワーク

ケースを基本に、テーマをいろいろな角度から考えるためのワークです。本書のワークの特徴はクラスメートとグループになり、身体を動かしたり、調査してまとめたり、発表する形式をとっていることです。お互いの気持ちをよく理解し、呼吸をあわせて行動することが大切です。

◆応用ワーク

各章の最後にあるのが応用ワークです。各節で学んだことをさらに発展させて、社会人の基本、ビジネスの基礎を身に付けます。

◆一足先に社会を知るために

7章にある「一足先に社会を知るために」では、各種のビジネス系検定を紹介しています。6章までに学んだことを総合的にチェックするための機会としてください。

第1章
自分に合った仕事を探す

＜この章のねらい＞

　ビジネスについて考えるとき、まず最初に自分がどんな職業に就きたいか考えてみましょう。世の中にはたくさんの職業があります。その中から、どうやって選べばよいのでしょうか。興味があるから、おもしろそうだから、人の役に立ちたいから……。理由はいろいろあるでしょう。それらの理由に共通すること、それは自分に合った仕事をしたいということです。自分に合った仕事だからこそ、苦労してもがんばれるし、仕事の楽しさも増すのです。

1 興味・関心が仕事探しのベースになる

●●●この節で学ぶこと●●●

自分に合った仕事を見つける第一歩は、自分の興味・関心を見極めることです。好きなこと、おもしろそうだと思うことが将来の職業選択につながります。自分はどんなことに興味を持っているのか、何に関心があるのかを考えてみましょう。

CASE 花が大好き。花に囲まれた仕事がしたい！

あゆみさんはいとこの結婚式で手作りのブーケを見せてもらいました。黄色とピンクのバラがきれいです。フラワーデザイナーをしている友人に作ってもらったとのこと。小さいころから花が大好きなあゆみさんは、自分も花に関連した仕事ができたらいいなと思いました。

第1章　自分に合った仕事を探す

基礎ワーク

1．あなたはどんなことに興味・関心がありますか。解答欄に箇条書きにして、それぞれ理由も考えましょう。

2．1で挙げた興味・関心のある項目を生かせる職業としては、どんなものがあるでしょうか。それぞれ考えられる職業を挙げましょう。

考えるヒント

・できるかできないかは、ひとまずおいて考えてみましょう。
・理由はなるべく具体的に挙げてみましょう。

興味・関心のある項目	その理由	興味・関心を生かせる職業

2　得意なことを生かして働く

●●●この節で学ぶこと●●●
　特技（資格など）や得意科目は仕事をするときの大きな力になります。学校の科目にかぎらず、幅広く自分の得意なことを考えてみることは、自分に合った仕事を探すうえで大切なことなのです。

CASE　特技は身を助ける

　たかしさんの兄は海外旅行のツアーコンダクターとして働いています。兄は学生時代から英語が得意で、また初対面の人とでもすぐにうちとけられる性格でした。たかしさんも英語が得意ですが、文章を書くのも得意なので、将来は翻訳の仕事をしたいと思っています。

第1章　自分に合った仕事を探す

基礎ワーク

1．あなたの特技（資格など）・得意科目は何ですか。解答欄に箇条書きにして、それぞれ理由も考えましょう。

2．1で挙げた特技（資格など）・得意科目を生かす職業には、どんなものがあるでしょうか。それぞれ考えられる職業を挙げましょう。

考えるヒント

・今の自分にはどんなことができるかを考えてみましょう。
・理由や内容は、できるだけ具体的に挙げましょう。
・ここでは可能性があるかどうかは抜きにして考えてみましょう。
・手先が器用だ、気配りがきくなど、自分の特性も含め、特技を幅広くとらえましょう。

特技(資格など)・得意科目	その理由や内容	考えられる職業

3 自分の一生を考えて職業を見つける

●●●この節で学ぶこと●●●
　将来どのような職業に就くのか。それは自分の将来設計とも関わってきます。これまでにどのような経験をしてきたのか。また将来、社会人として自立そして自律し、どんな生活をしたいのか。そこから、自分に合った職業を考えてみましょう。

CASE　将来はこんなふうに働きたい

　ゆきこさんは放課後、友達と将来について話をしました。ゆきこさんが「うちのお母さんみたいに、結婚してもずっと続けられる仕事がしたいな」と言うと、まさるさんは「小学校のころ初めて作ったカレーをほめられて、それからずっと調理師になりたいと思っているんだ。だから、卒業したら調理師専門学校に行くんだ」と言います。りょうすけさんは「大学で勉強して、公認会計士になるつもりだよ。仕事ができるようになって早く自立したいんだ」。みんな先のことまでよく考えているようです。

第1章　自分に合った仕事を探す

基礎ワーク

1．巻末の用紙に以下の項目について書き入れ、自分史をつくりましょう。
(1) 生まれてからこれまでの自分を振り返り、それぞれの項目を書き入れましょう。
(2) 将来どんな生き方をしたいか考えて、それぞれの項目を書き入れましょう。

＜自分史のつくり方＞
①今の自分の年齢を記入し、表の下まで赤ペンで縦に線を引きましょう。
②項目に沿って記入しましょう。各項目で記入するのは次のようなことです。
　　◆できごと　これまでの主なできごとと、これから先に想定できるできごと
　　◆学び　　　得意科目や学んだ（学ぶ）こと、そのときに身に付けた（付けたい）こと・資格
　　◆趣味　　　部活動やクラブ活動、習い事、特技、好きだったこと、熱中したこと
　　◆仕事　　　どんな仕事をしたいか、いつ頃、どんなふうに働きたいか
　　◆夢・目標　そのときの自分の夢や目標
③自分史ができあがったら、特に好きだったことや得意だったこと、一生懸命やったこと、これから先に実現したいと思うことなどを赤ペンで囲みましょう。

　　　考えるヒント

　　・どんなできごとがありましたか？
　　・どんな職業に憧れていましたか？　夢は何でしたか？
　　・部活動やクラブ活動、趣味で熱中したことは？
　　・うれしかったことは何ですか？
　　・悲しかったことは何ですか？
　　・卒業後の進路はどうしますか？
　　・学校以外で勉強したいことはありますか？
　　・どんな仕事を、いつまで続けたいですか？
　　・仕事中心の生活？　家庭中心の生活？　それとも？
　　・仕事の他にやってみたいことはありますか？
　　・海外で行きたいところはありますか？

第1章●応用ワーク

A 友達の"いいところ"探しをしよう。

　数名でグループを組み、メンバーそれぞれの長所をお互いに挙げてみましょう。また、それに対する本人の感想も書いてみましょう。

●メンバーのいいところ

●本人の感想

B 身近な社会人に、過去と現在について聞いてみよう。

　家族や先生、近所の人など身近な社会人に、学生のころの夢や目標は何だったか、それが今の職業とどう結びついているかを聞いてまとめましょう。

_____さん　　職業：_____

第2章
さまざまな職業・職種を理解する

＜この章のねらい＞

　ビジネス社会には、さまざまな職業・職種があります。かつての日本は鉄鋼などの工業が中心でした。しかし、近年の日本はデパートなどの流通や金融、飲食などのサービス産業が盛んになっています。働くことを考えるためには、こうした社会や経済の情勢も理解しておきましょう。

4 多くの人が さまざまな職業に就いている

●●●この節で学ぶこと●●●

ひと口に働くといっても職業はさまざまです、人と接する仕事、ものを作る仕事、事務の仕事……。それらの仕事の内容をよく理解しておくと、働くことが楽しくなるし成果も大きくなります。

CASE 「社会人」といっても職業はいろいろ

ひろしさんは5人家族。家族はみんな仕事を持っています。父親は冷凍食品などを製造・販売する食品メーカーの営業部長で、母親は自宅で料理教室を開いています。兄は肥料などを製造・販売する化学メーカーで技術者として働いており、姉はデパートで販売員をしています。ひろしさんももうすぐ就職。どんな職業に就いたらよいのか思案中です。

第2章 さまざまな職業・職種を理解する

基礎ワーク

ケースに出てくるひろしさんの家族の職業の特徴を話し合い、まとめましょう。

考えるヒント

・主にものを作る仕事ですか、販売する仕事ですか。
・主に人と接する仕事ですか、機械や机に向かってする仕事ですか。
・経営者あるいは管理職ですか、一般社員ですか。
・主に屋内の仕事ですか、屋外の仕事ですか。

●父親

●母親

●兄

●姉

5 サービス・販売の仕事が盛んになっている

●••この節で学ぶこと•••

私たちは飲食をしたり食料、洋服、雑貨を買うときなど、多くの機会にサービス・販売の仕事に触れています。日本ではサービス・販売の仕事は年々盛んになっており、そこで働く人も増えています。

CASE ファッションアドバイザーになりたい！

まなみさんは、おしゃれが大好き。毎月欠かさずファッション誌をチェックしています。卒業後はショップの店員になり、お客様に着こなしのアドバイスをしたいと思っています。

基礎ワーク

まなみさんがファッションアドバイザーになったら、どのようなことに気をつけなければならないでしょうか。項目にしたがってそれぞれどのようにすればよいか考えましょう。

考えるヒント
・お客様には感じよく振る舞うことが大切です。
・お客様の要望や希望をしっかりと聞きましょう。
・流行やトレンドが何かをつかんでおきます。

●表情

●言葉遣い

●専門知識・センス

●その他

第 2 章 ● 応 用 ワ ー ク

A 自分が就きたいと考えている職業で、必要な技術や資格がありますか。必要なものがあるかどうか調べて書き出してみましょう。

●就きたい職業

●必要な技術

●必要な資格

B あなたが住んでいる街にはどんな職業があるでしょうか。職業の名前や仕事の内容を1つ調べて、まとめてみましょう。

　　考えるヒント

　・職業名は例えば「工員」「公務員」ではなく、「自動車整備工場の整備士」「市役所の戸籍係」といった具合に、お店や会社、商品の名前、役職などを付け、仕事内容が分かるように書きましょう。

●仕事名

●仕事の内容

第3章

働くとはどういうことか
～職業意識を身に付ける～

＜この章のねらい＞

　働くことを「いやなこと」「つまらないこと」という人がいますが、決してそうではありません。また、「お金のためだけに働いている」という人もいますが、そうとも言い切れません。働いていれば、苦しいこともつらいこともあるけれど、反対に楽しいことも嬉しいこともたくさんあります。働くことに対する先入観を一度捨てて、働くとはどういうことかをじっくり考えてみるのはとても大切なことです。

6 どんな仕事にも意味があり、おもしろさを見つけられる

●●●この節で学ぶこと●●●

つまらない仕事というものはありません。どんな仕事でも、真剣に取り組めば手ごたえが得られるし、そうなるとおもしろくなってきます。それに仕事には社会的に大切な役目があります。だから仕事は楽しいし、働くことは大切なのです。

CASE　おばあさんの「ありがとう」が聞きたくて

　ちひろさんはパン屋で働く新人です。お店にいつもパンを買いに来るおばあさんがある日言いました。「ここのパンはとってもおいしいわね。それに、あなたが『ありがとうございました！』って言ってくれると元気が出るのよ。いつもありがとう」。ちひろさんは嬉しくなって「いつも元気にあいさつしよう！　そしておいしいパンを作れるようになって、あのおばあさんに食べてもらいたい」と思いました。

第3章　働くとはどういうことか～職業意識を身につける

基礎ワーク

1．おばあさんはなぜちひろさんに「ありがとう」と言ったのでしょうか。その理由を2つ考えてまとめましょう。

　　考えるヒント
　　・ちひろさんが勤めるパン屋のパンはどうでしたか。
　　・ちひろさんのおばあさんに接する態度はどうでしたか。

①

②

2．あなたが就きたい職業を1つ挙げてください。そして、その仕事を一生懸命すると、だれにどのような影響を与えるかを考えてまとめましょう。

　　考えるヒント
　　・職業名では簡単に仕事の内容も書き加えましょう。
　　・影響はなるべく具体的に挙げましょう。

職業名	だれにどんな影響を与えるか
（例）　ツアーコンダクター 　　　　（旅行客のお世話）	旅行客に楽しい旅の思い出を作ってもらう手伝いができる

7　働くことには責任がともなう

●●●この節で学ぶこと●●●
　仕事には必ず責任がともないますが、それは想像以上に重いものです。仕事の始め、途中、終わりにきちんとできたかどうかチェックするのはそのためです。その責任を果たすからこそ、お客様から代金や料金をいただけるし、給料をもらえるのです。

CASE　たった10円が合わなかったために

　信用金庫で働くまきさん。ある日、その日の出入金と残高が10円合いませんでした。職員全員でチェックした結果、まきさんの入力ミスだったことが判明しました。たった10円のために残業してまで調べることと、自分のミスで職場の人たちに迷惑をかけてしまったことで、まきさんは大ショック。社会人の責任の重さを痛感したのでした。

第3章　働くとはどういうことか～職業意識を身につける

基礎ワーク

1．まきさんが社会人の責任の重さを痛感したのはなぜでしょうか。

　　考えるヒント

　　・その10円は、だれのお金でしょうか。
　　・まきさんは今後どのようなことに気をつければよいでしょうか。

2．次のA・Bのケースであなたが社員だと仮定します。それぞれのケースで、（1）問題が起こらないようにするために、あなたはどうするべきでしたか。（2）問題が起こった後には、どのように対処しますか。考えたことを記入しましょう。

　　考えるヒント

　　・お客様の気持ちを想像しながら考えてみましょう。

A．あなたは旅行代理店のスタッフです。Aさんが、日帰りスノボツアーに申し込んできました。指定席の予約を頼まれたのにあなたは切符を取り忘れ、希望よりも遅い時間の新幹線しか取れそうにありません。

（1）

（2）

B．あなたは輸入雑貨屋の店員です。友達の誕生日プレゼントにとマグカップを買ったBさんが、数日後「開けたら、カップの角が欠けていた」と商品を持ってきました。

（1）

（2）

8 国境、性別を越えて働く時代になっている

●●●この節で学ぶこと●●●

今や日本で働く外国人は珍しくありません。反対に多くの日本人が海外で活躍しています。また、今まで男性の仕事、女性の仕事として考えられてきた職業の垣根はどんどん取り払われてきています。現代は国境や性別を越えて働く時代なのです。

CASE　久しぶりの同窓会でびっくり

同窓会に出席した保育士のヒカルさん。友人たちと仕事の話をしました。「大型免許を取ってバスの運転手をしているの」とまいさん。けんじさんは「看護師になって総合病院に勤めてるんだ」。あいさんはアメリカに留学後、日系の旅行会社で現地採用されたとか。自動車の整備士になったともやさんは工場の現場主任としてマレーシアに赴任したそうです。みんないろいろな職場でがんばっているんだとヒカルさんはちょっとびっくりです。

第3章　働くとはどういうことか〜職業意識を身につける

基礎ワーク

1．これまで男性の職業、女性の職業として考えられていたのに、今は混じりあってきた職業にはどんなものがあるのか、思いつくままに挙げてみましょう。

　　▶ 考えるヒント
　　・テレビや雑誌、新聞などで見かけたものでもかまいません。

(1) これまで男性の職業と考えられてきたのに、今は女性も活躍している職業

(2) これまで女性の職業と考えられてきたのに、今は男性も活躍している職業

2．海外で働いている人の例を挙げて、その人の性別に○をつけ、働いている国の名前、仕事の内容（業種や職種）を記入しましょう。

　　▶ 考えるヒント
　　・親戚や知人でもよいし、テレビや雑誌、新聞などで見かけた人でもかまいません。

	性別	国名	仕事の内容（業種や職種）
①	男・女		
②	男・女		
③	男・女		

第 3 章 ● 応 用 ワ ー ク

A 学校に比べ、会社では何が違うのでしょうか。次のそれぞれの項目で違いを考え、理由とともに記入しましょう。

考えるヒント

- あなたが仲がよいのは年齢の近い、気が合う人が多くありませんか。
- 始業時間や宿題の期限はいつも守っていますか。

	学校に比べ、会社が違う点	理由
(1) 人間関係		
(2) 時間や期限		
(3) その他 (服装や髪型、 規則面、金銭面など)		

B 自分が就きたい職業をプロとしてやっていくために必要な条件と、それにともなう責任や、その条件を満たすために具体的に行うことを考え記入しましょう。

職業	プロとしての条件	ともなう責任や具体的にすること
(例) ツアーコンダクター	スケジュールを守る	・連絡ミスがないように、時間、場所を正確に伝える ・時間を守らない客がいたら注意する

第4章

会社と仕事の決まりや
しくみを知る

<この章のねらい>

　ビジネスには多くの人や物が関係しています。それらの人や物が効率よく動くために、いろいろな関係やさまざまな決まりがあり、独特のしくみを持っています。働くときにはそうした関係や決まり、しくみをよく知り理解することが大切です。

9 ビジネスは国を越えて動いている

●●●この節で学ぶこと●●●

私たちが毎日食べたり、使ったり、触れている物の多くが、海外で生産され日本に輸入されてきています。反対に日本で生産されて海外へ輸出されている物もたくさんあります。現代のビジネスは国を越えて行われているのです。

CASE このセーターはどこで作られたの？

セーターを買ったはなこさん。ふと「このセーターはどうやって作られたのかな？」と貿易関係の仕事をしている兄に聞くと「いろいろなパターンがあるけど、羊毛といえばやっぱりオーストラリアかな。そこで刈られた羊毛は洗われてマレーシアや台湾に行く。乾燥させて繊維にするんだ。次に中国で染色して糸になって、日本のメーカーが決めたデザインで編むんだ。それに値札をつけて日本で売るんだよ」と教えてくれました。たった1枚のセーターでも、ずいぶん多くの国が関係して作られているのです。

第4章　会社と仕事の決まりやしくみを知る

基礎ワーク

1．身の周りにある物で外国で採られたり作られたりしている物を、次の授業までに調べておきましょう。自宅にある食品や衣料品、靴、文房具、テレビ、ＣＤプレーヤー、自動車、部活動で使用するスポーツ用品などの中から３品目について調べ、記入しましょう。

　　　　　品目名　　　　　　　原産国・製造国
　　　（例）コート　　　　　　　中国
　　　（例）オレンジジュース　　アメリカ

①

②

③

2．1の表をもとに、以下のステップにチャレンジしましょう。

(1) グループで品目別に原産国、製造国を集計しましょう。
(2) 多かった国について、なぜそうなのか、自分の考えをまとめましょう。
(3) 考えたことをグループの中で発表し、グループの意見をまとめましょう。
(4) グループの代表がクラスで集計結果とその理由を発表しましょう。

個人の考え：

グループの意見：

10 ビジネスには多くの人が関係し、支え合い、協力している

●●●この節で学ぶこと●●●
　あらゆるビジネスには多くの人が関係し、さまざまな仕事をしています。中には一見カッコよく見える仕事もあれば、地味な裏方の仕事もあります。そして皆が支え合い、協力し合うことで、ビジネスは進んでいくのです。

CASE　みんなが主役、みんながサポーター

　はなこさんの兄はこう続けました。「セーターが売られるまでには、羊を育て羊毛を刈る人から、最後にお店で売る人までたくさんの人がかかわっているんだよ。みんなが協力してセーターが作られ、売られているんだ」。1枚のセーターが手元に届くまでには多くの人が関係しているのだなと、はなこさんはあらためて驚きました。

第4章　会社と仕事の決まりやしくみを知る

基礎ワーク

　はなこさんのお兄さんが話すように、1枚のセーターが作られ売られるまでには多くの人が関係しています。下に挙げた関係する人を、③羊毛を刈る人から、最後の②販売員まで工程順に番号を並べ、属する業種を下から選び、記号を解答欄に記入しましょう。

＜セーターが売られるまでに主に関係する人＞
　①糸をつむぐ人
　②お店の販売員
　③羊毛を刈る人
　④毛や糸や製品を船や自動車で運ぶ人
　⑤染色する人
　⑥刈った羊毛を洗う人
　⑦セーターのデザインを考える人
　⑧織る人
　⑨製品の宣伝をする人

＜属する業種＞
　A　販売業（卸売・小売業）
　B　農業
　C　製造業
　D　運送業
　E　広告・宣伝業
　F　デザイン業

工程	関係する人	属する業種
	（ ③ ）	（ B ）
	（ 　 ）	（ 　 ）
	（ 　 ）	（ 　 ）
	（ 　 ）	（ 　 ）
	（ 　 ）	（ 　 ）
	（ 　 ）	（ 　 ）
	（ 　 ）	（ 　 ）
	（ 　 ）	（ 　 ）
↓	（ ② ）	（ A ）

11　ビジネス社会は階層社会

●●●この節で学ぶこと●●●
　ビジネス社会では、それぞれの人が役割を持って仕事を分担しています。そこで仕事を皆にうまく配分したり、まとめたり、調整したりすることが大切になります。この役割を担う人が管理職です。ビジネス社会は階層になって運営されています。

CASE　課長って、何する人？

　ゆきかさんは、アパレルメーカーに入社しました。びっくりしたのは、社内に組織と階層がいろいろあることです。「総務部って何するところ？課長と主任ではどちらがエライの？」。ゆきかさんはよく分かりません。

第4章　会社と仕事の決まりやしくみを知る

基礎ワーク

1．ゆきかさんになったつもりで、会社の組織について考えてみましょう。

(1) 右の役職を階層順に　　①部長　②常務取締役　③係長　④課長　⑤専務取締役
　　並べましょう。　　　　⑥一般社員　⑦本部長　⑧主任　⑨代表取締役社長

　　（　）－（　）－（　）－（　）－（　）－（　）－（　）－（　）－（　）
　　上位　　　　　　　　　　　　　　　　　　　　　　　　　　　　　　　下位

(2) 次のそれぞれの組織で行う主な仕事を調べましょう。

①総務部……

②人事部……

③経理部……

④企画開発部……

⑤製造部……

⑥広報部……

⑦営業部……

2．インターネットで興味のある会社の組織図を調べましょう。大きな会社や団体のウェブサイトには「会社案内」「会社概要」「組織図」といったページがあります。例えば以下に挙げたウェブサイトにアクセスして、その会社や団体の組織図を調べましょう。

①外務省　　http://www.mofa.go.jp/mofaj/　→「外務省について」→「組織案内・所在地」
②ＮＴＴ（日本電信電話株式会社）　　http://www.ntt.co.jp/　→「会社案内」の「会社概要」
③自分が関心のある会社

第 4 章 ● 応 用 ワ ー ク

A あなたの学校で文化祭を開催します。準備も含め、どのような仕事が必要でしょうか。考えられる仕事を挙げましょう。また、それぞれの仕事は、会社でいえばどこの組織、部署に当たるか、考えましょう。

例）文化祭全体のテーマを考え、全体を取りまとめる　→　取締役会

B グループに分かれ、あなたの学校の教職員の組織図を作りましょう。さらに、それぞれの部署ではどのような仕事を担当しているのか、簡単にまとめましょう。メンバーで分担して、教科の先生や事務職員の先生がたにインタビューして調べましょう。

第5章
人間関係とコミュニケーション

＜この章のねらい＞

　ビジネスには多くの人がかかわっています。年齢や性格、好みも人さまざまです。これらの人々がビジネスという共通目的のために関係するのですから、コミュニケーションは欠かせません。そのとき必要になるのがコミュニケーション・スキルです。その基本は、相手の話をきちんと最後まで聞くことと、相手に伝わるように自分の意見をしっかり述べることです。

12 話は最後まで聞かないと分からない

●●●この節で学ぶこと●●●

人の話を最後まできちんと聞く。これは意外にむずかしいことです。話の途中で、「分かった。こういうことね」と断定したり、「そういえば」と割り込んでくる人がよくいます。これは話を混乱させるだけでなく、相手に対して大変失礼なことです。

CASE　特売品は特売品でも……

入店して半年、やすおさんは仕事にも慣れてきました。ある朝、チーフが「今日の特売品」と切り出したので、すかさず「鮭とめんたいこ、それに」と言いかけたところ、「最後まで聞きなさい」と注意されました。チーフが確認したかったのは、品目ではなく、展示の仕方だったのです。

基礎ワーク

1. やすおさんのような失敗はだれにでもあるものです。あなたも似たような失敗をしたことはありませんか。思い出してみましょう。ではなぜ、やすおさんはこのような失敗をしたのでしょうか。原因として考えられることを2つ挙げましょう。

    考えるヒント
    - 半年たって、やすおさんは仕事にも慣れてきました。
    - やすおさんはチーフの話を途中まで聞いて、分かった気になってしまいました。

    ①

    ②

2. あなたの「聞く態度」について、自己チェックしましょう。

    人の話を聞いているときに、次のように思ったり言ったりしていませんか。心当たりのあるところに○印をつけ、終わったら集計します。最後に得点から感じたことをまとめましょう。　　　　　　　　　　（よくある＝3点、たまにある＝2点、あまりない＝0点）

	よくある	たまにある	あまりない	得点から感じたこと
「分かってる」 「知ってるよ」 「うるさいな」 「しつこいな」 「もう、いいよ」				
点数				

    ●自己チェックの結果

    10点以上の人は要注意、5点以上の人も注意が必要です。該当する人は、次のことを意識しながら、聞く態度を身につけましょう。
    - 話の内容に興味が持てないとしても、あるいは自分の考えと違っていたとしても、ひとまず相手の話を聞く。話を途中でさえぎるのは、ルール違反。
    - 疑問点があれば、「これこれは、どういうことですか？」などと最後にまとめて聞く。また、相手の言い分に賛同できなかったら、「分かりました」と相手の言い分を認めたうえで、「でも私は（僕は）こう思います」と自分の意見を言うようにする。

13　復唱して内容を確認する

●●●この節で学ぶこと●●●

ビジネスでの場では「指示を受けたら、必ず復唱する」「電話で用件を聞いたら、必ず復唱する」のが決まりです。声に出し、お互いが確認しあうことで、聞き違いを防ぐとともに、言い忘れ・聞き忘れにも気づくことができるからです。

CASE　伝言の内容を確認し忘れた

　かおるさんは、外出中の上司あての電話を受けました。「X社の吉田ですが、事故があったので今日午後3時から日本会館8階会議室で現場ビデオをもとに緊急対策会議をする」と伝えてほしいと頼まれました。かおるさんがメモを取り終わらないうちに「じゃ、お願いします」と言われ、電話を切られてしまいました。

基礎ワーク

1．かおるさんのような失敗をしないためには、内容を確認しなければなりません。確認する項目としてよく使われるのが、Who（誰が・誰から）When（いつ）Where（どこで）What（何を）Why（なぜ）How（どのように）の5W1Hです。かおるさんが受けた電話の内容を5W1Hに当てはめて、それぞれ記入しましょう。

①Who（誰が・誰から）

②When（いつ）

③Where（どこで）

④What（何を）

⑤Why（なぜ）

⑥How（どのように）

2．2人1組になり、伝言ゲームを行います。

＜ステップ＞
(1) 5W1Hの要素を入れた伝達文を各自、自由に作成してください。
(2) それを口頭でスラスラ言えるように練習します。
(3) ペアになり、それを相手に伝えます。相手は内容を確認しながらメモを取ります。
(4) 交代で行い、それぞれの感想を相手に伝えます。
　　例）伝える側「最後にまとめて確認してくれたので、きちんと伝わっていることが分かって安心した」
　　　　受ける側「早口だったのでメモが追いつかなかった。もう少しメリハリをつけて話してもらえるとポイントがつかみやすいと思った」

14　自分の考えをきちんと表現する

●••この節で学ぶこと•••●
　ビジネスの場では「黙っていても、相手は分かってくれるだろう」という甘えは通用しません。言いたいこと伝えたいことがあるなら、内心で思っているだけでなく、それが相手に伝わるように表現することが大事です。

CASE　明後日と言われたから後回しにしたのに

　あつしさんは先輩から「昨日頼んだ資料、用意できてる？」と聞かれ、返事につまりました。「なんだ、まだできていないのか」と先輩はごきげんななめです。しかし、昨日指示されたときは、明後日までということでした。だからあつしさんは、別の急ぎの仕事をしていたのです。先輩にそのことを言いたかったのですが、うまく言葉になりません。

> なんだ、まだ用意できてないの

> だって明後日までって言ってたから……
> 先に片づけるものがあったし

第5章　人間関係とコミュニケーション

基礎ワーク

1．あなたがあつしさんなら、先輩に聞かれたときに、どう返事をしますか。解答欄にあつしさんのセリフを書き入れましょう。

　　考えるヒント

　　・次のステップで考えてみましょう。
　　①資料ができていないことを伝えます。最初に「申し訳ありません」と一言添えます。
　　②次に、できていない理由を伝えます。
　　③今日使うということであれば、すぐに用意することも伝えます。

先輩「昨日頼んだ資料、用意できてる？」
あつし「①

　　　　　　　　　　　　　　　　　　　　　　　　　　　　　　　　　　　　　　」

先輩「なんだ、まだできていないのか」
あつし「②

　　　　　　　　　　　　　　　　　　　　　　　　　　　　　　　　　　　　　　」

先輩「あっ、そうだっけ。悪かった。でも弱ったな、午後の会議で使いたいのだけれど」
あつし「③

　　　　　　　　　　　　　　　　　　　　　　　　　　　　　　　　　　　　　　」

2．お願いやお詫びをするときに、最初に（頭に）つけた方がいいと思われる言葉を挙げましょう。

例）申し訳ありませんが、

第 5 章 ● 応用ワーク

A　会話によるコミュニケーションの基本ルールを確認しましょう。聞くとき、話すときの注意点をそれぞれ3つずつ挙げましょう。

(1) 聞くときの注意点
①
②
③

(2) 話すときの注意点
①
②
③

B　コミュニケーション・トレーニング「聞き上手になろう」

　話をするときに、相手の人が「そう」とか「それで？」とかあいづちを打ってくれると、話がしやすいものです。反対にあいづちを打ってくれないと、話を続けてよいのかどうか不安になります。上手なあいづちは会話をいきいきと弾ませてくれます。さあ、あなたも以下のステップであいづち上手になりましょう。

＜ステップ＞
(1) 隣の人とペアになります。
(2) 1人が話し手、もう1人は聞き手になります。
(3) 話題は何でもかまいません。「昨日テレビでこんな番組見たけど」「このあいだ観た映画すごくおもしろかった」「うちの弟っておもしろい奴で」というように話を切りだしてください。
(4) 聞き手のほうは、上手にあいづちを打ちながら、話の先をうながしてください。
(5) あいづちを工夫しながら、制限時間いっぱいまで会話を続けましょう。
(6) 終わったら役割交代して繰り返します。

＜あいづち参考例＞
・話をうながす　「それで？」「その先、どうなったの？」「で、それから？」
・興味を示す　　「うんうん」「なるほどね」「へえ〜そうなんだ」「おもしろいね」
・話を盛り上げる「そりゃ、すごいわ」「それって、いつのこと？」「ほんとに、そんなこと言ったの？」「信じられない！」
・話を展開させる「ところで、○○はどうなったの？」「そういえば、さっきこう言ってたけど、それはどうなったの？」

第6章

ビジネスマナーの基本

<この章のねらい>

　社会人に求められる知識や技能はさまざまです。それらの知識や技能の基礎となるもの、それがビジネスマナーです。ビジネスを成り立たせている人と人の関係を滑らかにし、気持ちよくビジネスを行うために必要なものであり、仕事をするためには欠かせない、大切な要素といえます。

15 ビジネスの一日は"あいさつ"に始まり、"あいさつ"に終わる

●●●この節で学ぶこと●●●

あいさつは会社で働くときに絶対的に必要なスキル（技能）の1つです。あいさつであなたの評価が決まることもあるくらい重要です。明るく、はっきりとした声であいさつしましょう。

CASE　あいさつが苦手なまゆみさん

　まゆみさんは今年入社のフレッシュ社会人。仕事はおもしろくやれそうに感じていますが、苦手なのはあいさつです。言葉は少しずつ覚えているのですが、元気のよい声がどうしても出ません。あるとき、課長から「しっかりとあいさつしなさい」と注意されました。

第6章 ビジネスマナーの基本

基礎ワーク

1．なぜ、課長は「しっかりとあいさつしなさい」と、まゆみさんに注意したのでしょうか。
   朝の『おはようございます』を例にとり、その理由を考えてまとめましょう。

   考えるヒント
   ・あいさつするとその場の雰囲気はどうなるでしょうか。
   ・あいさつすると自分の印象はどうなるでしょうか。
   ・あいさつすると相手（お客様や先輩、上司）との関係はどうなるでしょうか。

2．先生やクラスメートを相手に、以下のステップにより「いろいろなあいさつ」の練習をしましょう。

＜ステップ＞
①先生を相手にみんなでいっせいにあいさつをする。
　できるだけ、明るくはっきりした声で行います。
②5秒間対面ゲーム（ペアになってお互いに5秒間、相手の顔を見つめます）
　あいさつは相手の顔をしっかりと見て行うのが基本です。そのための練習です。
③ペアであいさつする（ペアになって、あいさつを交わします）
　いろいろなケースを想定し、ふさわしいあいさつと表情を下から選びあいさつします。

＜いろいろなあいさつ＞
「おはようございます」「こんにちは」「いらっしゃいませ」「（いつも）お世話になっております」
「ありがとうございます（ました）」「お疲れさまでした」「行ってらっしゃい」「お帰りなさい」
「お先に失礼します」「申し訳ございません」「ごめんください」

＜あいさつにそえる表情＞
A．にこやかにほほ笑む　B．緊張した表情　C．申し訳ないという表情

16　社会人の会話の基本は丁寧語

●●●この節で学ぶこと●●●
　社会人の会話は基本的に丁寧な言葉遣いで行われます。基礎となるのが敬語の中の丁寧語です。この丁寧語を使うだけでも一人前の社会人に一歩近づくことができるでしょう。

CASE　学生時代の話し方がぬけない

　としひろさんは学生時代の話し方の癖がぬけず上司に注意されました。「やっぱ」「そいでさー」「〜じゃん」。注意しているのですが、ふっと出てしまうのです。とくに同期生相手だとそうなりがちです。なんとかして直そうとしているのですが、うまくいきません。

第6章　ビジネスマナーの基本

基礎ワーク

1．としひろさんが使う「やっぱ」「そいでさー」「〜じゃん」といった言葉は、なぜビジネスの場でふさわしくないのでしょうか。その理由を考え、まとめましょう。また、ほかにもふさわしくないと思う言葉があれば記入しましょう。

（1）ビジネスの場にふさわしくない理由

（2）ほかにもふさわしくないと思う言葉

2．丁寧語には「です・ます・ございます」をつける丁寧な言い方と「お・ご」をつける言い方の2種類があります。解答欄にそれぞれの言葉を挙げましょう。

（1）丁寧な言い方（です・ます・ございます）　　（2）「お・ご」をつける言い方

　　普通の言い方　　丁寧な言い方　　　　　　　　普通の言い方　お・ごをつける言い方
（例）〜する　　→　　〜します　　　　　　　　（例）考え　　→　　お考え
　　〜である　→　　　　　　　　　　　　　　　　名前　　→
　　食べる　　→　　　　　　　　　　　　　　　　意向　　→
　　見る　　　→　　　　　　　　　　　　　　　　出席　　→
　　行く　　　→　　　　　　　　　　　　　　　　意見　　→
　　買う　　　→　　　　　　　　　　　　　　　　あいさつ→
　　売る　　　→　　　　　　　　　　　　　　　　電話　　→
　　入れる　　→　　　　　　　　　　　　　　　　手紙　　→
　　聞く　　　→
　　話す　　　→

17　尊敬語と謙譲語を使ってみよう

●●●この節で学ぶこと●●●

本当の社会人かどうかの基準の1つが的確に敬語を使える能力です。最初から難しい敬語を使うことはありません。まず基本的な敬語を使いこなし、それから徐々に難しい敬語を覚えればよいのです。この節では敬語の中の尊敬語と謙譲語を学びます。

CASE　"オンシャ"って何のことだろう

会社に入ったばかりのしげきさん。ある日、かかってきた電話に出たら、相手から「オンシャからの連絡ですと今日になっていますが」と言われました。「オンシャ」って何のことだろう。こちらのことらしいが、どんな字を書くのだろう。しげきさんはとまどってしまい、返事もできなくなってしまいました。

第6章 ビジネスマナーの基本

基礎ワーク

「オンシャ」は「御社」と書き、相手の会社のことを指します。ビジネスでよく使われる敬語＝尊敬語です。反対に自分の会社を「弊社（へいしゃ）」と呼びます。これは敬語＝謙譲語です。それぞれの例を記入しましょう。

(1) 尊敬語

尊敬語とは「相手を高める言い方」です。直接的に相手を敬います。「御社」のように言葉そのものが尊敬語に変化している場合と、「書く→書かれる」（「れる」「られる」をつける）「書く→お書きになる」（「お〜になる」「ご〜なさる」）のように語尾を変化させて尊敬語にするケースがあります。

	普通の言い方	独自の言い方	
言葉そのものの変化によるもの	（あなたの）会社		
	（そちらの）地方		
	あなた		
	普通の言い方	「れる」「られる」型	「お〜になる」「ご〜なさる」型
語尾変化によるもの	受ける		
	出席する		
	行く		

(2) 謙譲語

謙譲語とは「こちらがへりくだる言い方」です。こちらがへりくだることにより、間接的に相手を敬います。「行く→伺う」のように言葉そのものが謙譲語に変化している場合と、「書く→お書きする」（「お（ご）〜する」）「出席する→出席いたす」（「お（ご）〜いたす」）と語尾を変化させて謙譲語にするケースがあります。

	普通の言い方	独自の言い方	
言葉そのものの変化によるもの	来る		
	言う		
	見る		
	普通の言い方	「お（ご）〜する」型	「（お・ご）〜いたす」型
語尾変化によるもの	書く		
	待つ		
	案内する		

第 6 章 ● 応 用 ワ ー ク 1

◆◆検定問題で理解度チェック◆◆

1　次は秘書A子の、上司（部長）に対する言葉遣いである。中から<u>不適当</u>と思われるものを選べ。

(秘書検定3級)

　1）出張から戻った上司に、朝あいさつをするとき
　　「おはようございます。ご出張、お疲れさまでした」
　2）出張中に専務からこの書類を預かったと言うとき
　　「ご出張中に、専務からこちらの書類をお預かりいたしました」
　3）昼食はここでするかと尋ねるとき
　　「そろそろお昼でございますが、昼食はこちらでなさいますか」
　4）予約客（鈴木氏）を、応接室に案内したと言うとき
　　「お約束の鈴木様が参られましたので、応接室にお通しいたしました」
　5）翌日のスケジュールを確認したいとき
　　「明日のスケジュールの確認をさせていただきたいのですが、よろしいでしょうか」

2　次は山田部長秘書A子が、「山田部長は外出している」ということを、それぞれの相手に伝えたときの言葉遣いである。中から<u>不適当</u>と思われるものを選べ。

(秘書検定3級)

　1）来訪した客に
　　「部長は外出されています」
　2）同じ部署の人に
　　「山田部長は外出されています」
　3）他部署の部長に
　　「山田部長は外出なさっています」
　4）取引先の人に
　　「部長の山田は外出いたしております」
　5）山田部長の身内の人に
　　「山田部長は外出していらっしゃいます」

第6章　ビジネスマナーの基本

3 次は秘書A子の、日ごろのあいさつの仕方と言葉である。中から<u>不適当</u>と思われるものを選べ。

（秘書検定3級）

1）来客に対しては、最初に「いらっしゃいませ」と言うようにしている。
2）朝、顔を合わせた人には「おはようございます」と言うようにしている。
3）上司が出張から戻ってきたときは「お疲れさまでございました」と言うようにしている。
4）上司が出社したときは、上司が席についたらそばへ行き、「おはようございます」と言うようにしている。
5）上司より先に退社するときは、用がないことを確認してから「お先に失礼いたします」と言うようにしている。

4 次は、レストラン勤務大井川典子の日ごろのお客様に対する言葉遣いである。中から言葉遣いとして<u>不適切</u>と思われるものを一つ選び、番号で答えなさい。

（サービス接遇検定3級）

1）ライスとパンとどちらにするかということを
　「ライスとパンとどちらになされますか」
2）注文の品が決まったら呼んでくれということを
　「ご注文の品が決まりましたら、お呼びください」
3）時間がかかるかもしれないが待てるかということを
　「お時間が多少かかりますが、お待ちいただけますか」
4）なべが熱くなっているので気をつけてもらいたいということを
　「なべが熱くなっておりますので、お気をつけくださいませ」
5）コーヒーは食事が終わってからでいいかということを
　「コーヒーは食事がお済みになってからでよろしいでしょうか」

18　時間を守ることが重要な理由

●●●この節で学ぶこと●●●

ビジネスの世界は約束を守ることで動いています。約束の中でも特に重要なのは時間です。ビジネスには多くの人や組織が関係しており、時間を守らないと大混乱してしまうからです。

CASE　会議にただ一人遅れた新入社員

よしおさんは午後3時からの企画会議に出席を命じられました。直前まで連絡文書を作成していたよしおさん。3分ほど遅刻しましたがどうせみんな集まっていないだろうと思ってドアを開けると、会議室にはよしおさん以外全員がそろっていたのでした。

基礎ワーク

1．約束の時間に遅れるとビジネス上のさまざまなマイナスが発生します。どんなマイナスがあるでしょうか。項目別にまとめましょう。

> **考えるヒント**
> ・打ち合わせなどの時間が短くなるとどんなマイナスが生まれるでしょうか。
> ・待たされる人の気持ちを考えてみましょう。

(1) 仕事内容に与えるマイナス

(2) 人間関係に与えるマイナス

2．社会人になると、会議、商談、打ち合わせ、待ち合わせなどで約束の時間を守らなければならないケースが増えます。それらの時間を守るにはどうしたらよいでしょうか。準備するものや心構えを考えましょう。

(1) 準備するもの

(2) 心構え

19 はっきりした返事はコミュニケーションの第一歩

●●●この節で学ぶこと●●●

ビジネス上のコミュニケーションはお互いの発言や意見に対し、きちんと反応し返事をするところから始まります。相手が話す内容を正確に理解したうえで、はっきりとした返事を心掛けましょう。

CASE　分かっているのか、分かっていないのか

まさみさんは上司や先輩から指示されたり注意を受けたとき、返事をはっきりしません。そのため、上司や先輩は自分の言ったことが本当に伝わっているのかどうか不安になります。あるとき、「きみはしっかりと私の言うことを聞いているのか」と上司に注意されました。

第6章　ビジネスマナーの基本

基礎ワーク

1．まさみさんが上司の指示や注意にはっきり返事をするためには、言葉遣い、態度をどのようにすればよいか、考えてまとめましょう。

考えるヒント
・何をどのように表現すれば相手にうまく伝わるか考えてみましょう。

(1) 言葉遣いはどのようにすればよいでしょうか。

(2) 態度はどのようにすればよいでしょうか。

2．クラスメートに上司になってもらい、以下の例文により、はっきりとした返事をする練習をしましょう。○○にはあなたの名前が入ります。

　＜会話例＞
　　上司「○○さん」
　　○○「はい」
　　上司「3時までに、倉庫へ商品10個運んでください」
　　○○「はい。3時までに倉庫へ商品を10個運ぶのですね」
　　上司「そうです」
　　○○「はい、かしこまりました」

20 きちんとした身だしなみは よい仕事をするための必要条件

●●●この節で学ぶこと●●●

不潔な身なり、だらしないかっこうではビジネスの成果は出せません。とくにレストランなどサービス業に携わる人には清潔さが求められます。きちんとした身だしなみはよい仕事をするための必要条件だからです。

CASE　自慢の髪の毛をまとめるように言われて不満

レストランで働き始めたまりさんは、店長から長い髪の毛をまとめてくるように言われました。まりさんは長い髪が自慢なので不満です。きちんと洗髪しているのだから問題ないと思っているのですが……。

レストラン・ロッカールーム
「髪はきちんとまとめてくるように」

「いらっしゃいませ」
「髪が入る!!」
サラッ

「いいや、きれいに洗ってあるしこの髪は私のトレードマークだもん」

「飲食業なのにだらしない……」

第6章　ビジネスマナーの基本

基礎ワーク

1. 店長はなぜまりさんに長い髪の毛をまとめるように言ったのでしょうか。その理由を考えまとめましょう。

　　■考えるヒント

　　・汚れたレストランで食事をするときの気持ちを考えてみましょう。
　　・不潔な服装のウエイトレスが料理を運んでくるときに受ける感じを考えてみましょう。

2. 身だしなみで髪の毛のほかに特に清潔にしなければならない箇所、きちんとしなければいけない項目を挙げましょう。

（1）身体

（2）服装

（3）アクセサリー・靴

第 6 章 ● 応 用 ワ ー ク 2

◆◆検定問題で理解度チェック◆◆

1　レストランに勤務の横川みどりは先輩から、レストランの従業員は、お客様に清潔な印象を与えるようでないといけないと言われた。次はそのときに、先輩から言われたことである。中から不適切と思われるものを一つ選び、番号で答えなさい。

(サービス接遇検定3級)

1）長い髪はまとめないといけないが、それでもほつれそうなところは、あらかじめピンで留めておくこと。
2）清潔な印象とは、清潔できれいということだけでなく、動作などもきりっとしているということである。
3）手は、お客様の目につきやすいところなので、アクセサリーとして、指輪よりブレスレットをするのがよい。
4）清潔な印象には、話し方なども含まれるので、自分の話し方がよい印象を与えているかをチェックする必要がある。
5）清潔な印象は、頭の上から足の先までの体全体で与えるものなので、よいと思ってもなお細かいチェックが必要である。

2　A子は入社するとすぐに秘書課に配属された。気がつくと、A子と周りの人と服装などの様子が違うので、どのようにすればよいかを先輩に尋ねた。次はそのとき先輩が教えてくれたことである。中から不適当と思われるものを選べ。

(秘書検定3級)

1）髪が長い場合はおじぎをするときに下がるので、まとめておくか、おじぎのときは手で押さえること。
2）通勤はパンツ姿でも構わないが、職場でのパンツ姿はふさわしくないので、スカートにはき替えること。
3）職場ではてきぱきと動かないといけないことが多いので、かかとが大きくて高い靴などは履き替えること。
4）全体的には清潔な感じでまとめるのがよいので、化粧は薄く、口紅はバランスを考えた濃さにするのがよい。
5）色が白かったり、黒っぽかったりする自然色でない色のマニキュアは、職場にふさわしくないのでしないこと。

第6章　ビジネスマナーの基本

3 レストラン勤務の木村弘子は、先輩から「感じのよいお客様応対」を心掛けるようにと言われ、具体例として次のことを教えられた。中から不適切と思われるものを一つ選び、番号で答えなさい。

（サービス接遇検定3級）

1) お客様に話しをしたり、答えたりするときには、どのような場合でも、明るくさわやかな表情ですることを忘れてはいけない。
2) お客様の中には、心配事があるかのような浮かない表情で来店する人もいるが、そのようなお客様には、浮かない表情で応対するのもよい。
3) お客様から料理の注文を受けるときは、「この料理はこうなっています」のように説明し、お客様に安心してもらえるような受け方をすること。
4) 感じのよい応対とは応対のしかただけをいうのではなく、応対する人の感じのよさもあるので、清潔感のある身だしなみのよさを心掛けること。
5) 自分では答えられないお客様からの質問には、ぐずぐずせず、「すぐに確かめてまいります」のように言っててきぱきと行動し処理をすること。

4 次は秘書A子が、上司から仕事の指示を受けるときに心掛けていることである。中から不適当と思われるものを選べ。

（秘書検定3級）

1) 指示を受け終わったら、用件が全部で幾つあったかを確認するようにしている。
2) 指示の内容に不明なところがあったときは、確認は最後にするようにしている。
3) 指示が何件かあった場合には、どれを先にするのがよいかを確認するようにしている。
4) 指示どおりにできそうもないときは、できないかもしれないが、それでもよいかと確認するようにしている。
5) 指示を受けるときは必ずメモを取り、その仕事が終わったあとでも、メモはしばらくは捨てないようにしている。

21 お客様はだれでも同じ、平等に対応する

●●●この節で学ぶこと●●●

お店にとって、会社にとって、基本的にお客様はだれであっても平等です。とくにサービス業においては、公平な対応はとても大切なことです。そのために、例えば順番を守るようにしているのです。

CASE 後から来たお客様を先にしたばかりに……

あつこさんは弁当屋に勤め始めたばかりです。あるとき、レジを担当していて、後から来たお客様の分を先に精算してしまい、先に来たお客様から文句を言われました。すぐ次なのだから、そんなに怒ることはないのにとあつこさんは不満です。

第6章　ビジネスマナーの基本

基礎ワーク

1．ケースのように順番を守らないと、どのような混乱が起きるでしょうか。考えてまとめましょう。

　　　考えるヒント
　　・我先にと殺到したらどうなるでしょうか。
　　・待ち時間について考えてみましょう。

2．順番を守るためにどのような工夫があるでしょうか。さまざまなお店や施設などでの例を参考に挙げましょう。

（1）銀行や郵便局の窓口で順番を守るために

（2）トイレなど公共の施設での順番を守るために

（3）映画館での入場の順番を守るために

22 礼儀正しく気配りのある応対が信頼を生む

●•• この節で学ぶこと •••

　サービスなどの現場でお客様から信頼を得るために大切なものが、礼儀正しさと気配りです。この2つはお客様を大切にする心の表れであり、だからこそお客様は信頼を寄せてくださるのです。それでは具体的に礼儀正しさ、気配りとは何でしょうか。

CASE　自分の店になかったので近所のお店を教える

「そのお店なら御希望のものがおいてあると思います」

「ありがとう！」

　文具店で働くおさむさん。あるとき、特殊な紙を求めにきたお客様がいました。しかし、おさむさんの働く店にはありません。近所の店にあることは知っていました。そこでおさむさんは地図を書いてその店をお客様に教えたのでした。

第6章　ビジネスマナーの基本

基礎ワーク

1. おさむさんのような応対をすると、なぜ、お客様は満足するのでしょうか。その理由を考えましょう。

    考えるヒント

    ・自分の店に目的の商品がないとき、店員は普通どのような態度をとるでしょうか。
    ・目指す商品がお店にないとき、客は何を望むでしょうか。

2. 礼儀正しく気配りのある応対をするために必要な心掛けを項目別に考えましょう。

（1）言葉遣い

（2）態度

（3）表情

（4）気配り

（5）その他

23　公私の区別をきちんとつける

●●●この節で学ぶこと●●●
　職場で公私の区別をきちんとつけることは、ビジネス社会で働く以上、厳しく求められることです。鉛筆1本でも、パソコンでも会社のものは仕事以外に使わない。そのことを守るように心掛けてください。

CASE　私用で会社のパソコンを使い注意された

　よしひこさんは友達とメールやチャットで大忙し。いつもは自宅のパソコンで楽しんでいますが、このところ会社のパソコンも使っています。ところが、ある日そのことを先輩社員に注意されました。少しくらい私用に使ってもいいのにと、よしひこさんは不満です。

会社のパソコンでこういうことをしては困る!!　何を考えてるんだ!!

少しくらいいいじゃないか　減るもんじゃなし‥‥

第6章　ビジネスマナーの基本

基礎ワーク

1．なぜ、よしひこさんのように会社のパソコンを私用に使ってはいけないのでしょうか。その理由を考えて、解答欄にまとめましょう。

　　考えるヒント
　　・会社の備品類はだれのものでしょうか。
　　・私用のことに時間を使っていると仕事の進み具合はどうなるでしょうか。

```
┌─────────────────────────────────────────┐
│                                         │
│                                         │
│                                         │
└─────────────────────────────────────────┘
```

2．以下の状況は公私の区別を「つけた状況」（A）でしょうか「ついていない状況」（B）でしょうか。答えと理由を考えて解答欄にまとめましょう。

<問題>
(1) 会社のボールペンを家に持って帰った。
(2) 3時の休みに会社に備えてあるお茶を飲んだ。
(3) 会社にある資料を借りて仕事に関連する勉強をした。
(4) 昼休みに会社のパソコンでゲームをした。

(1)　　A・B　　理由：

(2)　　A・B　　理由：

(3)　　A・B　　理由：

(4)　　A・B　　理由：

第 6 章 ● 応 用 ワ ー ク 3

◆◆検定問題で理解度チェック◆◆

1　岡部美津子が流通サービスの分野へ就職を希望したところ、先生から、「サービスとは、人に何かをしてあげることだ。それが身について自然にできるようにならないと、就職してもよい仕事はできない。そのためには、普段から人に対して気を遣う習慣を身に付けることだ」と教えられた。次はその教えに対して、岡部が人に気を遣うこととして考えたことである。中から<u>不適当</u>と思われるものを一つ選び、番号で答えなさい。

（サービス接遇検定3級）

　　1）駅の自動改札を通れなくて困っている人がいたら、切符を見て教えてあげるなどをしてみたらどうか。
　　2）たばこを吸いながら歩いていて、吸い殻を道路に捨てる人がいたら、拾うように言ってみたらどうか。
　　3）電車の座席で、少し詰めれば座れる余地があるときは、隣の人に詰めてもらうように言ってみたらどうか。
　　4）人込みの中で迷子らしい子が泣いていたら、声をかけて探してあげるとか、交番に連れていくことをしてみたらどうか。
　　5）窓口などでの順番待ちは、整理番号券を取って待つがそれを知らずに待っている人には教えることをしてみたらどうか。

2　販売店勤務の土屋敬三が、お客様と一緒に品選びをしていると、別のお客様が「これをください」と商品を持ってきた。このようなお客様に、土屋はどのように対応したらよいか。次の中から適切と思われるものを一つ選び、番号で答えなさい。

（サービス接遇検定3級）

　　1）今、お客様の品選びを手伝っているところなので、少し待ってもらえないかと言って待ってもらう。
　　2）お客様と一緒に品選びしている最中に、他のお客様の応対をすることはよくないので、聞こえないふりをしている。
　　3）そのお客様も、お客様と応対中なのは知っているのだから、すぐには返事をしないで、「少々お待ちください」と言う。
　　4）「ありがとうございます」と言って、手の空いている店員に「こちらのお客様をお願いします」と言って応対してもらう。
　　5）「はい、ありがとうございます」と返事をし、急ぐようなら、手の空いている店員に声をかけてもらえないかと丁寧に言う。

第6章 ビジネスマナーの基本

3 次は秘書A子が、来客に対する気配りについて先輩から教えられたことである。中から<u>不適当</u>と思われるものを選べ。

(秘書検定3級)

1) 来客を案内するときは来客の少し前を歩くが、そのとき、歩きながら後ろを見て来客を気遣うようにすること。
2) 約束の時刻より早く来た客は待ってもらうが、そのとき、お茶は上司に取り次いだときに出すようにすること。
3) 来客に出すお茶は温かなものが基本だが、陽気によっては、「冷たいもののほうがよろしいでしょうか」と尋ねること。
4) 顔見知りの来客が離れたところにいるのが見えたときは、声を出してあいさつしなくてもよいから、軽く会釈すること。
5) 遠来の客で大きなボストンバッグなどを持っているときは、「お預かりいたします」と言って、受け取って持つようにすること。

4 次は、理髪店勤務の山本道夫のお客様応対である。中から<u>不適切</u>と思われるものを一つ選び、番号で答えなさい。

(サービス接遇検定3級)

1) いつもは予約のお客様の、すぐにできるかとの電話に対して
   「お急ぎでしたら、お急ぎのようにいたしますのでおいでください」と答えた。
2) 遠方から、ここが気に入っているからといつも来てくれる客に
   「ちょっと間が空いたので心配してましたよ。ほかへ行かれたと思って」と言った。
3) いつも母親に連れられている子供が一人で来たので
   「一人で来られるようになったの、これからは一人で来ようね」と子供を力づけた。
4) いつも同じ時間を予約して来店するお客様の、予約の電話に対して
   「今回の予約時間はいつもと違いますが、よろしいのですね」と、予約時間に念を押した。
5) 初めて来店のお客様だったので、整髪が終わって帰るときに
   「初めていらっしゃったご感想はいかがですか」と他の店との違いを確かめるため尋ねた。

24 ビジネスには上下の区別＝序列がある

●●●この節で学ぶこと●●●

ビジネスではお客様と販売者、上司と部下のように、上下の区別がありそれを序列と呼びます。例えば座る場所ひとつにしても、序列が守られます。それが上座（かみざ）・下座（しもざ）であり、そのことによって上位の人に敬意を表すのです。

CASE お客様を下座に案内してしまった

なおこさんはお客様を応接室に案内するよう指示を受けました。そこでなおこさんはお客様を応接室の入口近くの席に案内し、しばらく待ってもらうよう伝えました。ところが、お客様が帰った後でなおこさんは上司から、「お客様を下座に案内してはだめだ」と注意されたのです。お客様は上座に案内しなければならないとも言われました。

第6章　ビジネスマナーの基本

基礎ワーク

1．なおこさんが注意されたようにお客様が座る場所は上座です。それでは以下の応接室ではどこが上座でしょうか。また、その場所がなぜ上座であるのか、その理由も考えて、記入しましょう。

　　考えるヒント
　　・落ち着く席と落ち着かない席の違いを考えてみましょう。
　　・快適な席とはどういう席か、その条件を考えてみましょう。

（1）右図の応接室では上座はどこか

（2）そこが上座の理由：

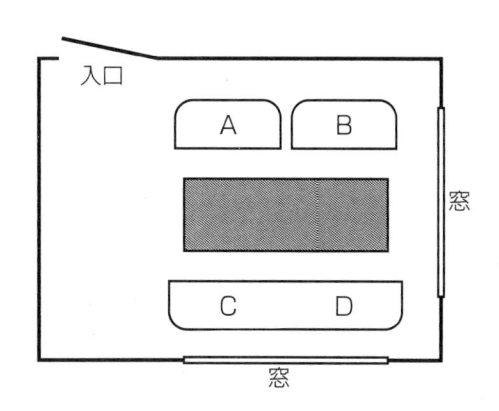

2．次に挙げたそれぞれの場面で上座はどこでしょうか。ふさわしい席の記号を選び、○印をつけましょう。

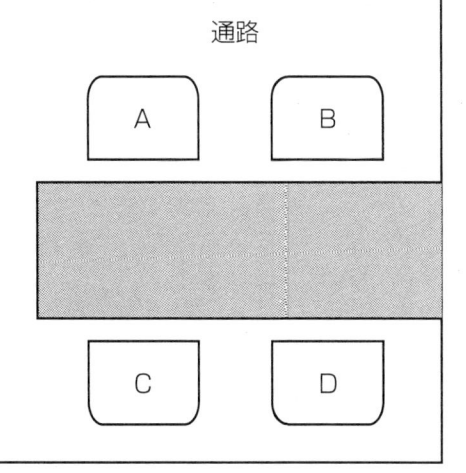

（1）レストラン

（2）自動車（特にタクシー、社用車の場合）

25 電話応対にもマナーがある

●●●この節で学ぶこと●●●

電話はビジネスで使われる重要なツール（道具）です。営業や連絡、報告など多くの重要なことの伝達に使われます。したがって、電話は効率的に使わなければならず、そのためには適切なマナーが必要になるのです。

CASE　もたもたした電話応対で信用を失う

電話がなったので新人のひろみさんが「もしもし」と応対に出ました。注文の電話です。桜商事からでA商品を10ケース、B商品を5ケース明日までにとのことです。注文を記憶したひろみさんは「分かりました」と言って電話を切りました。ところが、後で上司から電話の受け方で厳しく叱られました。一体、何がいけなかったのでしょうか。

第6章 ビジネスマナーの基本

基礎ワーク

1．ひろみさんが上司に厳しく叱られたのは電話応対のマナーを守らなかったからです。それでは電話応対はどのようにしたらよいでしょうか。ステップ別に考えて、解答欄にまとめましょう。

　　　考えるヒント
　　・電話に出るとき、切るとき必要なことはなんでしょうか。
　　・注文を聞いたときはどうしたらよいでしょうか。

(1) 電話に出るとき

(2) 注文を受けるとき

(3) 電話を切るとき

2．ペアを組み、交代でお客様と店側に扮して、以下の例文により電話応対とメモをとる練習をしましょう。○○にはそれぞれの名前を入れてください。

＜ステップ＞
(…リンリン…)
店「はい、日本サービス営業課です」
客「こちらは、桜商事の○○です。注文をお願いしたいのですが」
店「ありがとうございます。それでは、お願いいたします」
客「A商品を10ケース、B商品を5ケース、明日までにお願いします」
店「はい、分かりました。桜商事様でA商品を10ケース、B商品を5ケース、明日までにですね」
客「そうです」
店「かしこまりました。私は○○と申します。本日はありがとうございました」

26 報告、連絡、相談は早めにきちんと行う

●●●この節で学ぶこと●●●
指示された仕事の途中や終わった後の報告、連絡、相談は、その後の仕事の進め方を考える上で非常に重要です。自分勝手に判断せず、こまめに上司や先輩に対し行います。

CASE　作業は終わったのかどうか

新人のただしさんはあるとき上司から、倉庫の商品の整理を指示されました。その仕事を終えて別の仕事にかかっていたただしさんに、通りかかった上司が「整理はどうなった？」と質問しました。ただしさんが「とっくに終わりました」と答えると、「作業が終わったら終わったことを報告しなければいけない」と注意されたのでした。

第6章　ビジネスマナーの基本

基礎ワーク

1．ただしさんは、いつ、だれに、どのような報告をすればよかったのでしょうか。答えを記入しましょう。

　　考えるヒント
　　・報告のタイミングは相手の都合も考える必要があります。
　　・報告は簡潔に行うことが大切です。

（1）いつ、報告するか

（2）だれに、報告するか

（3）どのような報告をするか

2．報告・連絡・相談は略して「報連相」（ほうれんそう）と言われます。どのようなときに報連相を行えばよいでしょうか。それぞれ必要なときのケースを考えて記入しましょう。

（1）報告

（2）連絡

（3）相談

第 6 章 ● 応 用 ワ ー ク 4

◆◆検定問題で理解度チェック◆◆

1 秘書A子は先輩から、動作や行動はもっとてきぱきとするようにと、次のように注意された。中から不適当と思われるものを選べ。

(秘書検定3級)

1) 上司に呼ばれたら、仕事を中断して、すぐに立って上司のところに行くこと。
2) 社内の人でも、A子のところに来て声をかけたら、すぐに立って応答すること。
3) 来客応対のときは、おじぎをしながら要件を手短に尋ね、手早く取り次ぐこと。
4) 電話のベルが鳴ったら、急ぎの仕事をしていても、2回以内には出るようにすること。
5) 社内を歩くときは、特に急ぎの用事がないときでも、さっさと歩くことを心掛けること。

2 次は秘書A子が、電話を間違えてかけたり間違い電話を取ったときに行っていることである。中から不適当と思われるものを選べ。

(秘書検定3級)

1) 間違い電話を取ったときは、こちらの電話番号を言って、相手に確かめるように言っている。
2) 間違えてかけてしまったときは、かけた電話番号を言って、相手に確かめてもらうようにしている。
3) 間違い電話を取ったときは、黙って切るのではなく、「違います」と言ってから切るようにしてる。
4) 電話を間違えてかけてしまったときは、「どうも失礼いたしました」と言ってから切るようにしている。
5) 間違い電話がかかってきて、間違いと分かり相手がわびたときは、「どういたしまして」と言うようにしている。

第7章

一足先に社会を知るために

<この章のねらい>

　1～6章では、社会人に求められる知識や技能、マナーを学んできました。本章ではそれらの知識や技能などがビジネスの場でどのように活用されているかを、平均的な社会人の一日をたどることで確認します。また、販売士検定、サービス接遇検定、秘書検定といった主要なビジネス系検定の内容もまとめてあります。これらのビジネス系検定は実際の会社や職場がどのようなものかを知るための窓口の役割も果たしています。ぜひ、参考にしてください。

1 新社会人の平均的な働く一日

　学生から社会人になると、さまざまな場面で大きな変化があります。一番異なるのは社内外の多くの人と関係することです。社会人といっても製造、販売、サービスと職種はさまざまですが、このことは共通しているでしょう。限られた時間の中で多くの成果を出さなければいけませんから、一日のスケジュールや段取りもしっかりと組む必要があります。成りゆき任せのスケジュールでは成果はおぼつかないでしょう。以下は新社会人の平均的な働く一日の流れをまとめたものです。ここから社会人の動きを学んでください。

①起床
　社会人の朝は一般に早いのが特徴です。通勤時間が長いこと、遅刻が許されないこと（減給などの処分につながります）などの理由があるからです。早朝に勉強する社会人も数多くいます。

②服装、身だしなみのチェック
　スーツでも制服でも、汚れていては成果は上がりません。清潔なハンカチ、ソックスといった小物も大切です。前夜にチェックしておくと朝の忙しさの中で忘れる心配はありません。

③出勤・あいさつ
　定刻前に余裕をもって出勤します。出合った人には「おはようございます」と必ずあいさつをします。ケースでも学んだように、会社の一日は朝のあいさつから始まるのです。

④今日の作業の確認
　いよいよ仕事です。まず、今日は何をやるのか、何をやるように指示されているのかを確認します。それぞれの仕事の重要性、時間の配分、必要なツール類の準備などを確認するのです。

⑤ミーティングや上司の指示
　朝一番でミーティングや上司の指示があるときは、メモを取りながら内容を理解・確認していきます。あなたに名指しの指示のときは、内容を繰り返す復唱を忘れないようにします。内容が正確に伝わったかどうかがそれで分かるからです。

⑥段取りを考えた効率的作業
　具体的に作業にとりかかるとき注意するのは段取りを考えて行うことです。段取りとは仕事を効率よく行うためにどうすればよいかを考えること。例えば掃除でも、最初に掃き掃除を行い、次に拭き掃除をして、最後にから拭きをするという手順を考えて用具をそろえておけば作業はスムーズに進みます。これが段取りです。

⑦仕事の優先度の判断
　ある仕事をしているとき、ほかの仕事を命ぜられるときがあります。新人の間はその指示に従

います。自分で仕事の順序を組み立てるようになったら、それぞれの仕事の優先度、重要性を考えて臨機応変に順番を決めます。

⑧報告、連絡、相談
仕事が終わったら報告を、途中で重要なことが起きたら連絡を、不明点が出たら相談をします。ケースで学んだ「報連相」です。特に新人の期間は独断で決めないように、何事につけても「報連相」を意識しましょう。

⑨休み時間
会社ではお昼休みのほか、適宜休みがあります。休み時間だからといってあまりはしゃぎすぎると、以後の作業に影響が出ます。気をつけましょう。

⑩仕事の学習
仕事を覚えるにはさまざまな方法があります。確実なのは先輩や上司の仕事をよく観察し参考にすることです。また、専門知識の習得も欠かせませんから専門書を読んだり、場合によっては学校に通うことも必要でしょう。プロとして評価されるだけの学習と経験の蓄積は、社会人に最も求められることなのです。

⑪社外での行動
新人であってもおつかいなどで社外へ行く機会があります。身だしなみをもう一度チェックし、社会人として適切な言葉遣いと態度で相手に接するようにします。

⑫電話応対
電話は重要なビジネスツールです。はっきりした声で簡潔に話しましょう。受けるとき最初に「もしもし」は厳禁です。必ず社名、店名を名乗ります。重要な話はメモして復唱し内容を確認します。最後に氏名を名乗ります。かけるときはまずこちらの社名、店名と氏名を名乗り、それから用件を伝えます。必要ならば相手の名前を伝えてつなげてもらいます。また、かけるときは「ただいまお時間よろしいでしょうか」と相手の都合を確かめる一言は大切な言葉です。

⑬後始末
一日の仕事を終えたら後始末です。必要ならば日報を書きます。重要なこと、大事なことをメモしておくことも大切です。使ったツールや書類の整理も忘れずに行います。

⑭退勤・あいさつ
先に退勤するときは「お先に失礼します」と忘れずにあいさつを行います。上司や先輩の退勤を見送るときは「お疲れさまでした」と声をかけます。

⑮就寝まで
社会人の朝は早いことはすでに書きました。また、退勤後の時間は貴重な勉強時間でもあります。あまり羽目を外さないようにしましょう。

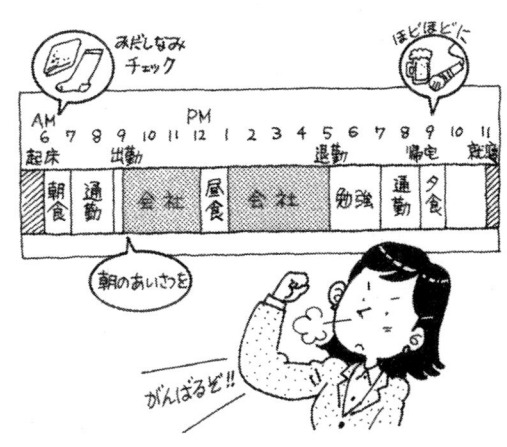

2 リテールマーケティング(販売士)検定に挑戦する

1) リテールマーケティング（販売士）検定とは

Q：リテールマーケティング（販売士）検定とはどんな検定ですか。

A：接客に関する基礎知識や取扱商品に関する専門知識、売場や店舗を管理する能力、経済の動きから見た店舗経営などの力をチェックし、身につけるための検定です。3級、2級、1級があります。

Q：どんな人が対象ですか

A：小売業、卸売業のみならず、製造業・サービス業において販売業務に携わる人たちを対象としています。具体的に言えば、「一般小売店の経営者や従業員」「製造業・サービス業・卸売業などの販売業務担当者」「これから流通業で活躍したい人」などです。

Q：受験資格はありますか。

A：一切の制限はありません。だれでも受験できます。

Q：級のレベルはどのようになっていますか。

A：各級のレベルは次のように定められています。

 3級：販売員として基礎的な知識と技術を身につけ、販売業務を遂行できる。小売業の販売員クラスが対象。

 2級：小売業について、主として販売技術に関する専門的な知識を身につけ、ある程度の管理業務を遂行し、かつ部下を指導することができる。売場主任、部課長など中堅幹部クラスが対象。

 1級：小売業経営に関する高度の専門的な知識を身につけ、経営計画を立案し、総合的な管理業務を遂行できる。大規模小売店の店長や部長クラス、経営者クラスが対象。

2) 試験の概要

Q：試験は年に何回行われるのですか。

A：3級と2級は7月と2月の2回、1級は2月に行われています。（都度要確認）

Q：試験科目はどのようなものでしょうか。

A：以下のように定められています。

 3級：筆記試験……①小売業の類型②マーチャンダイジング③ストアオペレーション④マーケティング⑤販売・経営管理

2級：筆記試験……①小売業の類型②マーチャンダイジング③ストアオペレーション
　　　　　　　　④マーケティング⑤販売・経営管理
1級：筆記試験……①小売業の類型②マーチャンダイジング③ストアオペレーション
　　　　　　　　④マーケティング⑤販売・経営管理
　　　面接試験……表現力・説得力・問題意識
Q：合格基準はどのようになっていますか。
A：3級は全科目の筆記試験の平均点が70点以上（100点満点）で、1科目ごとの得点が50点以上です。2級と1級の筆記試験の基準も同じですが、1級はそれに加えて面接試験で合格と判定されなければなりません。
Q：合格すると資格はずっと有効なのですか。
A：5年間有効です。それ以降は5年ごとに更新手続きが必要です。

3）過去問題から

1　次の文中の〔　〕の部分に、下記の語群のうち最も適当なものを選んで、答案用紙の所定欄にその番号をマークしなさい。（10点）

　セルフサービスとは、〔ア〕に対する言葉であり、セルフサービス店ではレジの〔イ〕のみが接客することを基本としている。専門店のように、売場に立つ販売員がいないために、〔ウ〕を節約でき、販売価格を低く抑えることができる。しかし、その店の〔エ〕の水準は、全てイのサービスにかかっているために、接客のポイントとして正確、〔オ〕、スマイルが要求される。（販売士検定3級）

【語　群】
1．オーナー
2．物的サービス
3．チェッカー
4．広告費
5．スピード
6．大量販売
7．人件費
8．対面販売
9．人的サービス
10．クリンリネス

3 秘書検定に挑戦する

1）秘書検定とは

Q：秘書検定とはどんな検定ですか。
A：秘書検定は、あいさつなどのビジネスマナー、スケジュール管理、文書の作成や管理、OA機器の操作力などのビジネスにおける技能や、働く人に求められる資質をまとめたものであり、その能力を測る目安となる検定です。3級、2級、準1級、1級があります。
Q：どんな人が対象ですか
A：働く人であればすべての人が対象です。
Q：受験資格はありますか。
A：一切の制限はありません。だれでも受験できます。
Q：級のレベルはどのようになっていますか。
A：各級のレベルは次のように定められています。
　3級：初歩的な秘書的業務の理解ができ、2級に準じた知識があり、技能が発揮できる。
　2級：秘書的業務について理解ができ、準1級に準じた知識があり、技能が発揮できる。
　準1級：秘書的業務について理解があり、1級に準じた知識を持つとともに、技能が発揮できる。
　1級：秘書的業務全般について十分な理解があり、高度な知識を持つとともに、高度な技能が発揮できる。

2）試験の概要

Q：試験は年に何回行われるのですか。
A：例年、3級・2級は2月、6月、11月の3回、準1級・1級は6月、11月の2回行われています。
Q：試験科目はどのようなものでしょうか。
A：各級とも筆記試験は理論領域と実技領域に分けられています。理論領域には「Ⅰ秘書の資質」「Ⅱ職務知識」「Ⅲ一般知識」が、実技領域には「Ⅳマナー・接遇」と「Ⅴ技能」があります。3・2・準1級は選択問題（マークシート方式）と記述問題、1級はすべて記述問題です。準1級・1級は筆記試験に加え面接試験もあります。
Q：合格基準はどのようになっていますか。

A：筆記試験は理論領域・実技領域ともに得点が60％以上のとき合格となります。どちらか一方が60％未満のときは不合格となります。準1級・1級は加えて面接試験で合格と判定されなければなりません。
Q：筆記試験は合格で面接試験が不合格のときはどうなるのでしょうか。
A：所定の手続きをふめば、直後の2回の試験では筆記試験が免除されます。

3）過去問題から

1　次は、秘書A子が先輩C子から、一般的なお辞儀の仕方について教えられたことである。中から<u>不適当</u>と思われるものを選べ。（秘書検定3級・第53回・2）

    1）お辞儀をするときには、できれば体の前に手を重ねてするのがよい。
    2）顔見知りの来客と廊下などですれ違うときは、頭を下げないで済む目礼でよい。
    3）「失礼します」と言って上司の前に立つときは、少し（15度ぐらい）頭を下げてする会釈でよい。
    4）「いらっしゃいませ」などとあいさつするときは、中（30度ぐらい）の深さでお辞儀をするとよい。
    5）来客に、「ありがとうございました」と礼を言う場合は、深い（45度ぐらい）お辞儀をするのがよい。

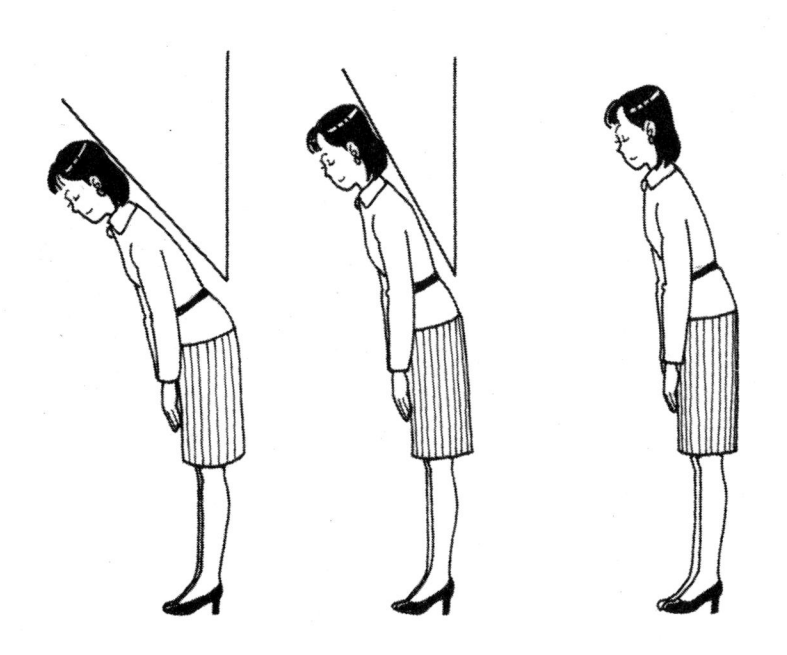

4 サービス接遇検定に挑戦する

1）サービス接遇検定とは

Q：サービス接遇検定とはどんな検定ですか。
A：サービス接遇検定は、ビジネスの場、とくに販売業やサービス業で相手に満足を提供する技能や知識、資質をまとめたものであり、そのレベルを測る検定です。3級、2級、準1級、1級があります。

Q：どんな人が対象ですか
A：働く人であればすべての人が対象です。

Q：受験資格はありますか。
A：一切の制限はありません。だれでも受験できます。

Q：級のレベルはどのようになっていますか。
A：各級のレベルは次のように定められています。

　　3級：サービス接遇実務について初歩的な理解を持ち、基本的なサービスを行うのに必要な知識、技能を持っている。

　　2級：サービス接遇実務について理解を持ち、一般的なサービスを行うのに必要な知識・技能を持っている。

　　1級：サービス接遇実務について十分な理解、および高度な知識・技能を持ち、専門的なサービス能力が発揮できる。

2）試験の概要

Q：試験は年に何回行われるのですか。
A：各級とも例年6月、11月または12月の2回行われています。

Q：試験科目はどのようなものでしょうか。
A：各級とも筆記試験は理論領域と実技領域に分けられています。理論領域には「Ⅰサービススタッフの資質」「Ⅱ専門知識」「Ⅲ一般知識」が、実技領域には「Ⅳ対人技能」と「Ⅴ実務技能」があります。3・2級は選択問題と記述問題、1級は記述問題です。

　1級は筆記試験合格者のみ面接試験があります。準1級は2級合格者を対象に面接試験のみ実施されます。

Q：筆記試験の合格基準はどのようになっていますか。
A：理論領域・実技領域ともに得点が60％以上のとき合格となります。どちらか一方が60％未満のときは不合格となります。

3）過去問題から

1　デパートの総合受付に勤務している佐伯聡子は、チーフから、お客様によい印象を持ってもらうための心掛けとして、次のことを教えられた。中から<u>不適切</u>と思われるものを一つ選び、番号で答えなさい。（サービス接遇検定3級）

1）お客様が気安く声をかけられるように、いつも柔らかな明るい表情をしていること。
2）お客様に親しみを持ってもらえるように、話しをするときは、優しい笑顔をすること。
3）年輩のお客様は理解も遅く、耳の遠い人もいるので、話をするときは念を入れてゆっくりすること。
4）尋ねられたことを答え終わったら、ほかに何か分からないことはないかと、質問を誘ってあげること。
5）デパートに関係のないことを尋ねられても、デパート内のことを尋ねられたのと同じくらいの応対をすること。

編集協力：西文社

ケースで学ぶビジネスの基礎
〜社会人になるための心構えとビジネスマナー〜

2002年10月10日　初 版 発 行
2024年 4月10日　第 6 刷発行

編　著　　公益財団法人 実務技能検定協会Ⓒ
発行者　　笹森 哲夫
発行所　　早稲田教育出版
　　　　　〒169-0075 東京都新宿区高田馬場一丁目4番15号
　　　　　株式会社早稲田ビジネスサービス
　　　　　電話　(03) 3209-6201
　　　　　https://www.waseda.gr.jp/

落丁・乱丁本はお取り替えいたします。
本書の無断複写は著作権法上での例外を除き禁じられています。購入者以外の第三者による本書のいかなる電子複製も一切認められておりません。